W0242390

GOLDHOUSE

anja heitlinger

Die Welt im Hamsterrad

GOLDHOUSE

Erstausgabe
Veröffentlicht als Taschenbuch 2021
goldhouse 4 publishing
Alle Rechte vorbehalten
Lektorat, Umschlaggestaltung & Satz: im Verlag
Umschlagabbildung:
Peggy und Marco Lachmann-Anke auf Pixabay
ISBN: 978-3-946405-23-8
www.goldhouse-verlag.de

Die Welt im Hamsterrad

Mit dem Jahr 2020 wurde eine Krise eingeleitet, die jetzt schon verheerende Auswirkungen auf die weltweite Wirtschaft hat und noch lange haben wird. Ein kleiner Virus Namens Corona soll die Menschen befallen haben und es wurde eine weltweite Pandemie ausgerufen. Nur eine Impfung könne alle Menschen retten, doch bis ein Impfstoff gefunden sei, müsse die Welt solange in einen Lockdown gezwungen werden.

Doch egal ob man nun an eine todbringende Krankheit glaubt oder nicht, wird schnell klar, dass durch diesen Lockdown nun weltweit mehr Menschen an Depressionen leiden, Suizid begehen oder sogar an Hunger sterben, als an dieser Krankheit. Die Lieferketten brechen zusammen und es hagelt Arbeitslosigkeit und Insolvenzen.

Doch genau dies müsste alles nicht sein, wenn die Mehrheit der Menschen erkennen könnte, dass hier *nur* der höhere Blickwinkel fehlt.

Dies möchte ich an mehreren Beispielen erläutern.

Weltfrieden

Nehmen wir einmal an, alle Regierungen dieser Erde würden sich die Hände reichen und sagen, ab morgen beschließen wir Weltfrieden. Das wäre doch wirklich einmal ein wünschenswertes Ziel, oder? Frieden für alle? Weltfrieden für den ganzen Planeten?

Aber! Was glauben Sie, was dann passieren würde? Nicht nur, dass die Unternehmer und Firmeninhaber der Rüstungsindustrie insolvent wären, sondern auch ganz viele Menschen würden ihre Arbeitsplätze verlieren.

Denn schon 2013 hieß es: Deutschland steht als Waffenexporteur auf Platz 3, denn die Geschäfte laufen gut und das hatte sich bis zum Jahr 2020 auch nicht geändert.

Menschen am Fließband, aber auch Menschen in den Büros und auch ganze Zuliefererbetriebe hätten plötzlich keine Arbeit mehr.

Zudem müsste man auch beachten, dass durch einen weltweiten langanhaltenden Frieden auch sehr viele Polizisten, Soldaten und Büroangestellte beim Militär ihre Aufgabe, das Volk *beschützen* zu müssen, nicht mehr in diesem übergroßen Ausmaß wahrzunehmen bräuchten. Auch sie würden sich entweder monatelang langweilen oder würden ganz einfach ihren Job verlieren.

Auch Speditionen und ganze Schiffsflotten könnten nicht mehr beauftragt werden, Waffen und Munition über Autobahnen und Weltmeere zu schippern.

Daher halten wir kurz fest, dass Weltfrieden bedeuten würde, dass mindestens 3 von 5 Arbeitskräften weltweit ihren Job verlieren würden.

Weltfrieden 

Aber ziehen Sie jetzt bitte keine voreiligen Schlüsse, sondern lesen Sie sich dieses Büchlein bis zum Ende durch. Ich werde Sie ganz bestimmt nicht arbeitslos machen wollen. Nein, ich werde das Rätsel am Ende auflösen und Sie werden froh sein, dieses Buch bis zum Ende durchgelesen zu haben.

Daher schauen wir uns zunächst einmal weitere Beispiele an.

Gesundheit

Was wäre, wenn alle Menschen gesund wären? Wenn wir keine Impfungen bräuchten und keine Tabletten, sondern wenn gesunde Nahrung reichen würde, damit wir gesund bleiben?

Es wurde mittlerweile reichlich nachgewiesen, dass unsere Körper hauptsächlich durch übersäuerte Nahrung und Vergiftungen durch Umweltbelastungen oder Medikamente krank werden.

Hinzu kommen Traumata aus vergangenen Zeiten.

Doch bei fast allen Therapien, die unsere Gesundheit verbessern sollen, wird leider vernachlässigt, dass es die bestehenden Mengen an Säure und Giften sind, die aus dem Körper ausgeleitet werden müssten.

Bei einem 50jährigen ist es heutzutage etwa die Hälfte der Körpermasse, die mit Säuren gefüllt sind. Also bei einem 90 Kilogramm schweren Mann sind es 45 Kilogramm. Das sind 45 Kilogramm an Schmutz, die man aber nicht einfach weghungern oder wegtrainieren kann.

Doch über das basische Baden ist es möglich, so

dass unsere Körper gesund, jung und fit gehalten werden können, sogar viel länger, als allgemein angenommen wird. In dem Buch „Die Geschichte des Badens“ (GoldHouse Verlag 2021) erfahren Sie, wie die Europäer vor ungefähr 10.000 Jahren badeten, was es mit dem sagenhaften Jungbrunnen auf sich hat, wie alt die Menschen damals wirklich wurden und vor allem, wie gesund sie waren durch eben genau diese langen basischen Bäder.

Doch würde man derartige Therapien weltweit promoten, dann wären die Menschen chronisch gesund und die Big-Pharma-Industrie hätte kaum noch Einnahmequellen und deren Mitarbeiter würden fast alle ihren Job verlieren. Denn irgendjemand muss die ganzen Pillen ja auch herstellen. Leuchtet ein, oder?

Gleiches gilt für Wissenschaftler, Virologen, Biologen und so weiter. Unabhängige Wissenschaftler haben bereits nachgewiesen, dass so manche *moderne* Krankheit eine Erfindung jener weniger Menschen ist, die vorwiegend am Geldbeutel der Menschen interessiert sind und nicht an deren Gesundheit.

Aber nicht nur Big-Pharma würde Einnahmen verlieren, sondern auch jeder Arzt müsste fürchten, dass viel weniger Patienten seine Praxis besuchen.

Doch das wäre ein großes Problem, denn selbst der selbstloseste Arzt hat Rechnungen zu zahlen, wie Praxismiete, Strom, Heizung und etwas essen möchte er ebenfalls. Und eine Familie hat er in aller Regel auch noch zu versorgen.

Wir merken, wir bekämen ein weltweites, extrem umfangreiches Problem, wenn die Menschen viel gesünder wären. Somit halten wir fest, dass wieder mindestens drei von fünf Menschen arbeitslos wären.

Gesundheit

Aber machen wir erst einmal weiter:

Umweltschutz

Was wäre, wenn wir mehr gesunde Nahrung produzieren würden? Also wenn z.B. weltweit keine Pestizide auf den Feldern mehr eingesetzt werden müssten, sondern wenn man andere Möglichkeiten finden würde, um die Pflanzen Insektenfrei zu halten?

Folgender Bericht der ZEIT-ONLINE offenbart dramatische Zahlen. Zitat: *„Aus Daten des europaweiten Vogelmonitoringprogramms PECBMS geht hervor, dass die europäischen Bestände der Feld- und Wiesenvögel in Europa von Beginn der*

ABO SHOP AKADEMIE JOBS MEHR

E-PAPER AUDIO APPS ARCHIV MERKLISTE ANMELDEN

ZEIT ONLINE

Suche

Politik Gesellschaft Wirtschaft Kultur Wissen Gesundheit Digital Campus Arbeit Sport ZEITmagazin mehr

Artenvielfalt

Forscher warnen vor Vogelsterben

Amsel, Sperling und Star: Vor allem am Bodensee, aber auch in anderen Regionen, sind die Bestände vieler Vogelarten zurückgegangen. Ein Grund sei der Verlust von Nahrung.

2. September 2019, 13:36 Uhr / Quelle: ZEIT ONLINE, dpa, jci / 313 Kommentare

Zählungen ab 1980 bis 2016 um 57 Prozent zurückgegangen sind." [1]

Der Grund waren die vogelfeindlichen Agrarlandschaften, berichtet diese Zeitung. In Deutschland sind die Pestizide zwar seit kurzem verboten worden, aber weltweit noch lange nicht.

Doch was genau würde mit all den Arbeitsplätzen in der Pestizid-Industrie passieren, wenn man von heute auf morgen weltweit auf den Einsatz von Pestiziden verzichten würde? Die Antwort ist einfach. Sehr viele Menschen würden schlichtweg ihren Job verlieren und Firmeninhaber müssten mit Pleiten rechnen.

Oder ein anderes Beispiel, was würde es bedeuten, wenn die Menschen ihre Kleidung nicht mehr chemisch färben würden? Sicher wäre dies für manch einen Zeitgenossen ein sehr langweiliger Anblick, Kleidung so ganz ohne Farben. Alle Menschen in naturfarbenen Stoffen gekleidet, ist sicher nicht jedermanns Sache. Und trotzdem eignet sich dieses Beispiel sehr gut, um das Hamsterrad, in dem wir uns befinden, besser zu verstehen.

In der Kleidungsindustrie gilt die Jeanshose als größter Umweltverschmutzer, welcher die meiste chemische Farbe verschlingt, die anschließend in die Gewässer dieses Planeten Erde abgelassen wird.

Auch der Wasserverbrauch ist immens. Er sei zwar abhängig von der konkreten Bewässerungsmethode, aber mindestens 7000 Liter brauche man für die Herstellung einer einzigen konventionellen Jeans, laut einem Artikel von focus.de. [2]

Und dennoch werden immer mehr Denim in die *Bundesrepublik* importiert. Zwischen 2006 und 2018 stieg die Stückzahl von 119 Millionen auf 197,9 Millionen. Die Hauptherkunftsländer seien Bangladesch, Pakistan und die Türkei [2].

Aber was würde wirklich passieren, wenn wir Menschen auf diese Chemikalien verzichten würden? In der gesamten Chemische Industrie würde es Pleiten und Arbeitslosigkeit hageln.

Gleiches gilt für die Billigproduktionsspirale und

den eingebauten Produkttod.

Firmen verdienen am Produkttod, weil immer neue Produkte nachgekauft werden müssen. Wenn Produkte, wie Haushaltsgeräte oder Gartengeräte so gut wie nie kaputt gehen würden, dann würden die Menschen in den Fabriken ihre Arbeitsplätze verlieren, weil kein Umsatz mehr gemacht werden würde und Firmeninhaber würden insolvent gehen oder müssten sich andere Geschäftszweige suchen.

Es gibt bereits zahlreiche Beweise, dass Produkte hergestellt werden können mit einer Lebensdauer, die mehrere Menschenleben überdauern würden.

Zum Beispiel wurde die Feinstrumpfhose extra so konzipiert, dass sie reißt und der Faden der Glühbirne verglüht auch nur, weil es so gewollt ist. Beide Produkte ließen sich so herstellen, dass sie sogar weitervererbt werden könnten.

Und die hier aufgeführten Beispiele sind nur ein Bruchteil dessen, was wirklich alles eingespart, verboten oder weggelassen werden könnte. Ich könnte ganze Buchbände mit Beispielen füllen, ich verschone Sie, damit wir den Überblick behalten.

Denn würde man all diese Chemikalien tatsächlich weglassen und würde man nur noch Produkte herstellen, die Generationen überdauern würden, was würde passieren? Genau, die Menschen in all diesen weltweiten Chemiefabriken, in der Kleidungsindustrie und vielen anderen Fabriken einschließlich aller Zuliefererfirmen würden ihren Job verlieren.

Wenn wir Umweltschutz wirklich konsequent betreiben würden, wären auch hier wieder mindestens drei von fünf Menschen arbeitslos, die wir hier festhalten und später in einer Tabelle auswerten:

Umweltschutz 

Unsere Gesetze

Was würde passieren, wenn es weniger Steuergesetze gäbe? Also viel weniger?

Einem Bericht der Welt.de von 2004 zufolge hatten wir in Deutschland knapp 200 Steuergesetze mit fast 100.000 Verordnungen. Laut einem Bericht der Welt besage eine Studie, dass es jährlich 15 Milliarden Euro koste, diese ganzen Steuern zu erheben. [3]

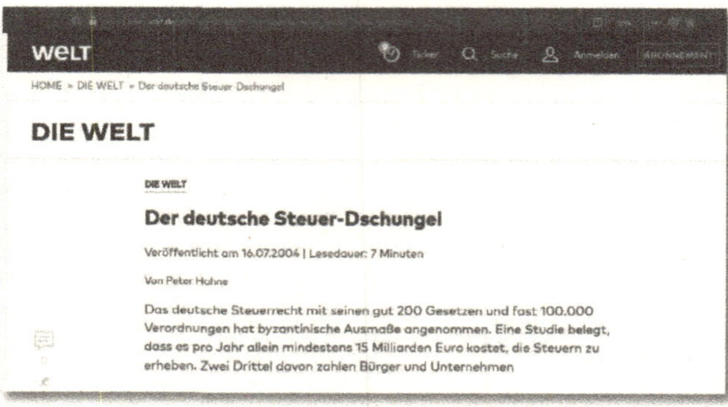
WELT

HOME » DIE WELT » Der deutsche Steuer-Dschungel

DIE WELT

DIE WELT

Der deutsche Steuer-Dschungel

Veröffentlicht am 16.07.2004 | Lesedauer: 7 Minuten

Von Peter Hahne

Das deutsche Steuerrecht mit seinen gut 200 Gesetzen und fast 100.000 Verordnungen hat byzantinische Ausmaße angenommen. Eine Studie belegt, dass es pro Jahr allein mindestens 15 Milliarden Euro kostet, die Steuern zu erheben. Zwei Drittel davon zahlen Bürger und Unternehmen

Im Jahr 2011 hatte der Finanzexperte und frühere Verfassungsrichter Paul Kirchhof einen radikalen Vorschlag zur Reform des Steuerrechts unterbreitet. Allein die 30 Bundessteuern wollte er auf vier reduzieren und die 33.000 Paragraphen auf 146 stutzen. Über seinen Vorschlag wurde heftig gestritten, doch von Umsetzung keine Spur. [4]

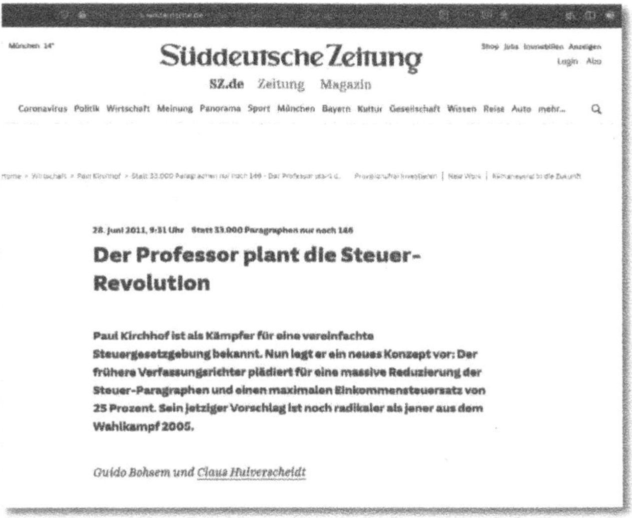
München 14°

Süddeutsche Zeitung

Shop Jobs Immobilien Anzeigen
Login Abo

SZ.de Zeitung Magazin

Coronavirus Politik Wirtschaft Meinung Panorama Sport München Bayern Kultur Gesellschaft Wissen Reise Auto mehr...

28. Juni 2011, 9:31 Uhr Statt 33.000 Paragraphen nur noch 146

Der Professor plant die Steuer-Revolution

Paul Kirchhof ist als Kämpfer für eine vereinfachte Steuergesetzgebung bekannt. Nun legt er ein neues Konzept vor: Der frühere Verfassungsrichter plädiert für eine massive Reduzierung der Steuer-Paragraphen und einen maximalen Einkommensteuersatz von 25 Prozent. Sein jetziger Vorschlag ist noch radikaler als jener aus dem Wahlkampf 2005.

Guido Bohsem und Claus Hulverscheidt

Doch angenommen, diese drastische Verschlankung hätte sich damals durchgesetzt, was wäre denn dann als Konsequenz daraus hervorgegangen?

Tja, dann wären die Steuererklärungen am Jahresende so einfach gewesen, dass man keine Steuerberater mehr gebraucht hätte. Die Menschen hätten ihre Steuererklärung selbst machen können.

Ginge man noch einen Schritt weiter und würde weitestgehend alle Steuern und somit auch alle

Steuervergünstigungen abschaffen, müssten überhaupt keine Steuererklärungen mehr gemacht werden.

Auch sollte man überdenken, warum man überhaupt Steuern erhebt, wenn es auf der anderen Seite dann Steuervergünstigungen gibt? Für wen genau treffen dann solche Steuervergünstigungen überhaupt zu?

Meistens immer nur für all jene, die bereits sehr viel Geld besitzen. Insbesondere Milliardäre, die all ihr Geld in Stiftungen stecken und dessen Verwalter dann auch noch jemand Vertrautes ist, zahlen überhaupt keine Steuern.

Denn im Gegenzug gründen diese Milliardäre einfach, ich nenne sie jetzt mal *Gegenseitige Stiftungen*, womit sie sich ganz einfach das Geld gegenseitig in die Taschen schieben können und das alles ganz legal an den Steuergesetzen vorbei.

Die Frage ist doch für die Milliardäre nicht: „Wie viel Geld besitze ich?“ Nein, die Frage ist: „Über wie viel Geld verfüge ich und kann bestimmen, was damit gemacht wird?“

Doch ich möchte niemanden anklagen, weder Regierungen noch Milliardäre, abgesehen von den böswillig gierigen. Und dennoch sehe ich mich hier eher als Vermittler zwischen zwei Extremen.

Arbeitnehmer halten sich oft für die Opfer, aber genaugenommen zwingt sie ja keiner dazu, ihren schlecht bezahlten Job auszuführen. Jeder tut es, weil er es nicht besser weiß und das Geld zum Überleben braucht.

Der Weg ist vielmehr, dass wir nun lernen einen Weg dazwischen einzuschlagen, anstatt andere für schuldig zu erklären. Der Weg ist, dass wir nun weder ausbeuten noch uns ausbeuten lassen.

Tatsächlich ist sogar in manchen Milliardärs-Kreisen bereits angekommen, dass es so nicht weitergeht und sie spenden ihr Geld bereits überall hin, wo die Menschen nun Hilfe brauchen.

Aber zurück zu den Steuergesetzen. Was würde tatsächlich passieren, wenn die Mehrzahl der Steuergesetze abgeschafft werden würde?

Dann hieße das auch hier, es würden die meisten Steuerberater und sogar auch „*Beamte* des *Finanzamtes*" arbeitslos werden, einschließlich aller Sachbearbeiter, die dieser Berufsgruppe zuarbeiten.

Gleiches gilt für alle anderen Gesetze. Strafgesetze, Handelsgesetze und so weiter. Wer blickt durch diesen Gesetzes Dschungel noch durch? Hätten wir Weltfrieden und nur noch übersichtliche Gesetze, wie zum Beispiel: „Du darfst niemandem schaden.", was wäre die weltweite Konsequenz daraus?

Sie wissen nun sicher schon, worauf ich hinaus will. Richtig, es gäbe viel weniger Beamte, Rechtsanwälte, Richter und alle, die damit täglich zu tun haben.

Deshalb wären auch hier wieder mindestens drei von fünf Menschen arbeitslos, die wir hier festhalten:

übersichtliche Gesetze:

Digitalisierung

Machen wir weiter mit dem Bau von Robotern. Nehmen wir als Beispiel einmal die Roboterbienen.

Warum baut man lieber Roboterbienen, anstatt die echten Bienen besser zu schützen? Weil Roboterbienen ein besseres Geschäftsmodell sind. Man verdient ganz einfach mehr daran, als die echten Bienen zu schützen.

Bildquelle: vodafone.de [5]

Und es geht hier nicht um Deutschland, sondern darum, was weltweit passiert. In Deutschland gibt es Förderprogramme der *Regierung* zum Schutz der Bienen, aber das ist auf unserem Planeten eine der wenigen Ausnahmen.

Doch würde man weltweit die Bienen unter Naturschutz stellen, dann hätten die ganzen Programmierer dieser kreativen Roboterinsekten alle keine Arbeit mehr. Zudem empfinde ich sie abgrundtief hässlich. Würden Sie sich in der Natur noch wohlfühlen, wenn auf jeder Blume nur noch kastenförmige Roboterinsekten rumschwirren?

Das gleiche gilt für Roboter-Aufpasser-Hunde, für Roboter-Kampf-Drohnen und viele andere sinnlos erscheinende Roboter.

Also auch hier in diesem IT-Bereich würden wieder viele Menschen ihren Arbeitsplatz verlieren.

Und zu guter Letzt, bevor ich das Rätsel auflöse, möchte ich noch kurz etwas über unser *neues* 5G anmerken.

Es sollte sich mittlerweile herumgesprochen haben, wie gefährlich dieser *neue* Mobilfunkstandard 5G ist und was es mit uns Menschen und auch mit unseren Insekten und unseren Pflanzen macht.

Das Vogelsterben war noch nie so hoch wie aktuell. Die Bienen und alle anderen Insekten sterben und unsere Pflanzen wollen auch nicht mehr richtig wachsen, was nicht allein den Pestiziden geschuldet ist.

Ich kann es einfach nicht mehr für einen Zufall halten, dass direkt nach der Einführung von 5G Balkonpflanzen ganzer Häuserreihen in meinem Bekannten- und Verwandtenkreis nicht mehr blühen wollen und dass die Laufenten in meiner direkten Nachbarschaft plötzlich nur noch wenig oder ganz kleine Eier legen, seit wir auch hier dieses 5G ausgesendet bekommen.

Es geht sogar so weit, dass Vögel einfach so vom Himmel fallen.

Bildquelle: Stuttgarter-Zeitung.de [6]

Einem Bericht von Legitim.ch zufolge gibt es sehr viele schockierende Fälle, wo ganze Vogelschwärme auf mysteriöse Weise tot vom Himmel fallen.

Im November 2019 berichtete eine Passantin aus North Wales auf einer Straße von Anglesey, wie sie einen Schwarm Vögel am Himmel gesichtet hatte und eine Stunde später bei Ihrer Rückkehr hunderte tote Vögel auffand.

Und *zufälliger* Weise hatte Anfang November die Daily Post verkündet: „Vodafone hat zum ersten Mal superschnelle 5G-Dienste in Nordwales eingeführt.“

Weiter berichtet diese Zeitung, dass das traurige Ereignis stark an das Massaker von den Haag erinnere, als im Herbst 2018 zur selben Zeit und am selben Ort, wo 5G-Tests durchgeführt wurden, hunderte leblose Vögel vom Himmel fielen. [6]

Ich verschone Sie mit weiteren Beispielen, es gibt genügend davon, über die natürlich nicht in den klassischen Medien berichtet wird, ganz einfach, weil denen der Umfang der Konsequenzen nur allzu gut bewusst ist.

Ich selbst habe jahrelang in der Telekommunikationsbranche gearbeitet und kann mir sehr gut vorstellen, was da wohl passiert sein könnte.

Um eine Anlage in Betrieb nehmen zu können, muss man sie vorher einpegeln. Das bedeutet, man muss die richtige Frequenz einstellen. Dazu richtet man vermutlich die Sendestation erstmal in den Himmel und schaltet dann erst die Anlage ein, damit man den Menschen auf der Erde nicht schadet.

Das macht man so lange, bis man die richtige Frequenz eingestellt/eingepegelt hat, erst danach richtet man die Sendestation auf die Anwohner.

Nicht umsonst wird über einzuhaltende Grenzwerte heftigst gestritten, denn es ist längst bewiesen, dass falsch eingestellt Frequenzen zu viel Hitze erzeugen und alles Leben um sich herum schlichtweg grillen und verbrennen.

Doch die vom Himmel fallenden Vögel sind sehr wahrscheinlich auch keine Absicht von den Netzbetreibern gewesen. Vermutlich wird es sich hierbei um Unfälle handeln.

Aber genau das ist ja die Gefahr, der wir Menschen uns tagtäglich aussetzen, nur um immer und überall schnelles Internet in der Hosentasche mit uns rumtragen zu können.

Kaum jemand ist sich bewusst, dass diese Unfälle auch bei Anwohnern passieren könnten. Ich will Ihnen damit keine Angst machen und die Wahrscheinlichkeit, dass solche Unfälle bei Anwohnern passieren, ist sicher sehr gering, denn in aller Regel brauchen Netzbetreiber zahlende Kunden. Und tote Kunden könnten natürlich ihre Rechnungen nicht mehr bezahlen, das sollte hoffentlich jedem einleuchten.

Und dennoch bleibt zu all dem auch noch die offene Frage, wie schädlich sind jene Frequenzen für die Anwohner, die letztlich auf sie gerichtet werden?

Ich möchte hierzu auf langatmige Erklärungen verzichten, denn dies würde definitiv den Umfang dieses Büchleins sprengen.

Deshalb verweise ich hier gern auf die Arbeiten

und Forschungsergebnisse von Prof. Dr. Dr. Edinger sowie das Institut INARKARB, wo man sich schon seit vielen Jahren mit diesem Thema beschäftigt und ganz klar die Schädlichkeit auf den menschlichen Organismus aufzeigt.

Auch Dr. med. Dietrich Klinghardt ist Arzt, Wissenschaftler und Lehrer und erklärt eindrücklich, wie die Frequenzen der Mobilfunktelefone und der Sendemasten mit unseren Krankheiten zusammenhängen.

Die von ihm entwickelten Methoden zur Diagnostik und Therapie sind ein lebendiges System, in das ständig neue Erfahrungen aus seiner ärztlichen Praxis, aus Wissenschaft und klinischer Forschung einfließen und so seine Lehre kontinuierlich erweitern. Aber es gibt auch noch sehr viele andere Ärzte und Institute, die zu diesem Thema hervorragende Arbeit leisten.

Auch könnte man hier sogar noch über Sinn und Unsinn des Mobilfunks sprechen, denn meiner Meinung nach beraubt uns der gesamte Mobilfunk unserer Fähigkeiten.

Zum Beispiel wären wir Menschen eigentlich zur Telepathie fähig, da wir sowohl über unsere D.N.A, als auch über unser Gehirn und auch über unser Herz permanent Frequenzen aussenden. Genaugenommen sind wir elektromagnetische Wesen, die den ganzen lieben langen Tag permanent irgendetwas aussenden, ob wir wollen oder nicht. Doch leider haben wir völlig verlernt, wie man telepathisch mit andern Menschen Kontakt aufnimmt.

Wenn Sie im Supermarkt an der Kasse neben jemanden stehen, dann überlegen Sie sich unweigerlich, ob Sie diesen Menschen sympathisch finden oder nicht, stimmts? Sehen Sie, allein das ist auch schon Telepathie. Dies ist zwar die geringste Form von Telepathie, aber es ist eine. Und wenn man uns schulen würde, dann wäre jeder fähig, es zu lernen und könnte viel komplexere Informationen austauschen. Jeder Mensch hat die gleiche Veranlagung dazu, weil jeder eine D.N.A, ein Gehirn und ein Herz besitzt.

Aber jetzt stellen Sie sich doch bloß mal vor, jeder Mensch würde tatsächlich Telepathie beherrschen und niemand bräuchte mehr ein Handy?

Oder stellen Sie sich vor, Mobilfunk würde abgeschafft werden, insbesondere 5G, weil jemand herausfindet, dass es zu schädlich für den menschlichen Organismus ist? Was würde passieren?

Richtig, es würden wieder unzählig viele Menschen ihre Arbeitsplätze verlieren. Man bräuchte keine Callcenter Agenten, die tagein tagaus die Menschen anrufen, um die neuen Tarife an den Mann oder an die Frau zu bringen. Auch bräuchte man keine Abteilungsleiter in dieser Branche mehr, genau so wenig wie Techniker, die die Antennenmasten aufstellen und warten. Auch müssten keine Rechnungen gestellt werden, somit würde alle Büroangestellten entfallen.

Doch der Einfachheit halber halten wir auch hier wieder fest, dass mindestens drei von fünf Menschen ihren Job verlieren würden.

weniger IT: 

Des Rätsels Lösung

Ich denke, uns würden hier sicher noch viele weitere Themen einfallen, auf die es ebenfalls zutreffen würde, dass mindestens drei von fünf Menschen arbeitslos werden würden, wenn sie ihre Konsequenzen ziehen würden.

Aber ich glaube, dass all diese Beispiele nun ausreichen, um erkennen zu können, dass wir hier ein weltweites Problem hätten, wenn wir dies alles nur aus der Sicht der Angst vor der Arbeitslosigkeit betrachten würden.

Und genau das passiert ja aktuell auch weltweit. Die Mehrzahl der Menschen hat wirklich große Angst vor Arbeitslosigkeit und Pleiten. Der gesamte Planet hängt am Geld, wie der Kranke am Tropf. Doch das ist ein weltweiter Irrtum, den es nun aufzudecken gilt, damit die Menschheit die nächste Stufe ihrer Entwicklung erreichen kann.

Deshalb verkünden aktuell auch so viele Friedens- und Freiheitsboten seit vielen Monaten, dass diese Erde sich im Aufstieg in eine höhere Dimension befindet, was nichts anderes heißt, als höheres Bewusstsein oder anders ausgedrückt, es findet ein Erkennen und Erwachen aus genau dieser Zwickmühle statt.

Leider werden aber auch genau diese Freiheits-

und Friedensboten sehr oft in die Ecke der Nazis, Rechtsextremisten oder Verschwörungstheoretiker gestellt, was natürlich nur von solchen Wesen initiiert wird, die eben nicht vom Geld ablassen können, weil sie dadurch ihren Machtzugriff und ihre Kontrolle verlieren würden.

Zusammenfassend sollten wir uns nun folgende Fakten endlich ganz sachlich und rational eingestehen, bevor ich das Rätsel der angeblichen Arbeitslosigkeit und Pleiten auflöse.

- **Weltfrieden**
  ➔ schlecht für die Wirtschaft ☹
- **Gesundheit**
  ➔ schlecht für die Wirtschaft ☹
- **Umweltschutz**
  ➔ schlecht für die Wirtschaft ☹
- **schlanke Gesetze**
  ➔ schlecht für die Wirtschaft ☹
- **weniger Digitalisierung**
  ➔ schlecht für die Wirtschaft ☹

Auf unserer Liste würde das ungefähr so aussehen:

Weltfrieden	
Gesundheit	
Umweltschutz	
schlanke Gesetze	
weniger Digitalisierung	

Wenn man das so sieht, könnte man es wirklich mit der Angst zu tun bekommen und wenn wir dies dabei belassen würden, dann würde sich eher eine große weltweite Depression ausbreiten, anstatt ein höheres Bewusstsein.

Womöglich würden sogar Bürgerkriege ausbrechen, denn mit Angst lässt sich ein höheres Bewusstsein ganz sicher nicht erreichen.

Deshalb werde ich an dieser Liste einfach ganz schnell etwas ganz Grundlegendes ändern:

Ich schreibe hier jetzt einfach Montag, Dienstag, Mittwoch, Donnerstag und Freitag hin.

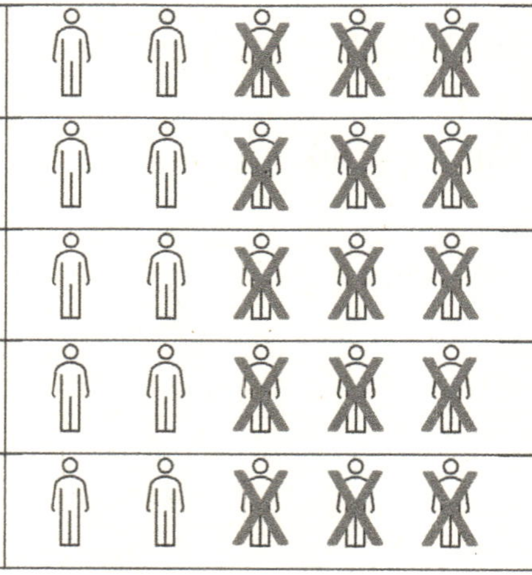

	Mo	Di	Mi	Do	Fr
Weltfrieden					
Gesundheit					
Umweltschutz					
schlanke Gesetze					
weniger Digitalisierung					

Und anschließend nehme ich die ganzen Kreuze wieder weg und stecke die ganzen Menschen, die ja angeblich ihren Arbeitsplatz verlieren würden oder Pleite wären, in den Montag und in den Dienstag rein, was dann ungefähr wie folgt aussehen würde:

	Mo Di	Mi	Do	Fr
Weltfrieden	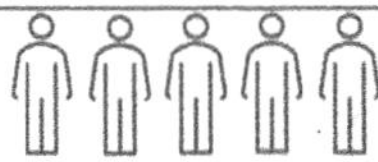	**frei**	**frei**	**frei**
Gesundheit		**frei**	**frei**	**frei**
Umweltschutz	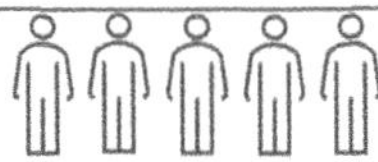	**frei**	**frei**	**frei**
schlanke Gesetze		**frei**	**frei**	**frei**
weniger Digitalisierung		**frei**	**frei**	**frei**

Merken Sie etwas? Ich reduziere **nicht die Arbeitsplätze**, sondern ich reduziere einfach **nur die Arbeitszeit**.

Und plötzlich ist **niemand** mehr arbeitslos und wir erkennen, dass wir alle viel weniger arbeiten müssten, wenn wir auf Kriege verzichten würden, wenn wir auf Umweltverschmutzung verzichten würden, wenn wir nur noch gesunde Nahrung produzieren würden, wenn wir unsere Gesetze verschlanken würden und wenn wir auf unnütze Digitalisierung verzichten würden.

Digitalisierung ist mit Sicherheit nicht überall unnütz, doch wir sollten ab sofort besser hinschauen und ihren Nutzen besser abwägen. Wo zielt die

Digitalisierung auf die Kontrolle der Menschheit ab und wo hat sie tatsächlichen Nutzen FÜR die Menschheit?

Wie Sie sehen können, werden wir keinen wirtschaftlichen Ruin erleiden, sondern genau das Gegenteil ist der Fall.

Die Wirtschaft des „kleinen" Menschen und des Mittelstandes wird gestärkt. Was nun wegfällt, sind die Bereicherungen winziger Elitegruppen.

Es wird immer reichere und ärmer Menschen geben, daran lässt sich in naher Zukunft wenig ändern und das ist so schnell auch gar nicht notwendig, aber der exorbitante Unterschied wird zurückgehen.

Es gibt inzwischen ein paar wenige sehr reiche Menschen, die bereits damit begonnen haben, etwas abzugeben womit Ärmere wieder eine faire Chance bekommen, etwas draus zu machen.

Fazit & Schlusswort

Einen wichtigen Wirtschafts-Bereich habe ich aber in meiner Berechnung noch absichtlich ausgelassen. Und zwar den Lebensmittelbereich.

Dort würde natürlich niemand arbeitslos werden, denn essen werden wir ja deshalb nicht weniger.

Dies hieße dann rein rechnerisch, dass wir nun doch nicht nur zwei Tage die Woche arbeiten bräuchten, sondern eher drei Tage. Aber ich denke, damit könnten wir ganz gut und glücklich leben.

So manch ein Zeitgenosse hat hier schon bemängelt, dass ihm bei so wenig Arbeitszeit langweilig werden würde. Es steht solchen Menschen natürlich frei, in seiner Freizeit einem Hobby nachzugehen.

Das Problem ist nur, dass diese schöne neue Welt leider zwei Haken hat und nicht so ohne weiteres umsetzbar ist.

Einer davon ist, dass die meisten Regierungen und Wirtschaftsführer nicht gerade erfreut wären, wenn wir jetzt plötzlich alle sagen würden, wir arbeiten alle nur noch drei Tage in der Woche. Aber dazu gleich noch mehr.

Der andere Haken ist:

Eine Berufsgruppe allein kann es nicht umsetzen!

Denn angenommen alle Polizisten und Soldaten würden sich verweigern und sagen: „Ich mache da nicht mehr mit. Wir wollen diesen Krieg nicht unterstützen." und der Rest würde so bleiben, wie es gerade ist, dann wären die Polizisten und Soldaten wirklich arbeitslos und der Rest der Welt nicht.

Und nun zurück zum ersten Haken. Ganz wichtig zu verstehen ist, dass uns besonders die Wirtschaftsführer dieses Planeten Erde diese drei Tage Woche nicht freiwillig geben werden. Ganz einfach, weil sie dann viel weniger bis gar nichts mehr verdienen würden und das lassen sie natürlich nicht einfach so zu.

Das heißt, dass es niemanden geben wird, der oder die so etwas anordnen würde. Deshalb kann die Veränderung im Prinzip nur über das neue Bewusstsein eines jeden einzelnen Menschen funktionieren.

Das heißt, jeder einzelne muss bereits beginnen, dieses neue Leben in die Tat umzusetzen. Genauer gesagt heißt das, dass alle Punkte, die ich in diesem Büchlein genannt habe, von jedem einzelnen, so gut es eben geht, zu beachten und zu leben sind.

Jeder muss ehrlichen Umweltschutz betreiben, ehrliches Gesundheits-Coaching anbieten, die Digitalisierung der Menschheit ablehnen und den Frieden im Herzen tragen und leben.

Und irgendwann wird der Tag kommen, an dem es

die Mehrzahl der Menschen verstanden und sich diese Lebensweise auf dem ganzen Planeten ausgebreitet hat.

Viele Menschen haben diese Ungerechtigkeiten sogar schon längst erkannt und gehen seit vielen Monaten bereits auf Demonstrationen und fordern solche und ähnliche Freiheiten ein.

Doch diese Demonstrationen werden uns nicht weiterbringen, außer, dass sie nützliches Aufsehen erregen. Doch auf diesen Demos werden solche fordernden Menschen sogar mit Wasserwerfern begrüßt und Gesetzes-Änderungen werden trotzdem durchgepeitscht, Änderungen, die nicht gerade volksfreundlich sind. Auch Petitionen verpuffen im Nichts.

Wir Menschen brauchen aber nicht um unsere Freiheit auf der Straße zu betteln, sondern wir müssen uns jegliche Freiheiten „einfach" NEHMEN.

Auch möchte ich an dieser Stelle noch einmal dringend betonen, dass wir in unsere schöne neue Welt auch **nicht** mit einem Bürgerkrieg gelangen werden. Im Gegenteil, ein Bürgerkrieg würde uns ebenfalls nur noch mehr Probleme bringen.

Das hat zwei wichtige Gründe. Zum einen, wenn so ein Bürgerkrieg erst einmal ins Rollen gekommen ist, dann ist der schlecht aufzuhalten und es werden viele unschuldige Menschen leiden müssen.

So etwas wie diesen dreißigjährigen Krieg, finde

ich, sollten wir unbedingt verhindern. Damals hat es so viel Leid gegeben, Plünderungen, Vernichtung von Ernten, Abschlachtungen von Menschen und viele andere furchtbare Dinge. Ich erspare Ihnen Einzelheiten.

Aber es gibt noch einen ganz anderen wichtigen Grund, warum wir einen Bürgerkrieg tunlichst vermeiden sollten:

Was haben wir vorhin festgestellt? Ein Krieg wäre traumhaft gut für die Wirtschaft. Daher gehen Sie bitte davon aus, dass die Eliten und Wirtschaftsführer sich sogar einen Bürgerkrieg wünschen, damit noch mehr Geld in die Kassen kommt, damit die Regierungen sagen können: „Oh, wir müssen jetzt aufrüsten, weil wir uns ja verteidigen und das Volk schützen müssen."

Und dann werden durch dieses Aufrüsten wieder Gelder in die Kassen der Waffenindustrie gespült und auch die IT-Branche hätte einen Wirtschaftaufschwung mit ihren vielen Überwachungskameras und Computer-Programmen, aber die ganze Welt würde dadurch im alten Hamsterrad stecken bleiben.

Oh nein, liebe Leserin, lieber Leser, Kriege wurden noch nie geführt, um das Volk zu schützen. Bitte seien Sie nach dieser Lektüre nun cleverer. Kriege werden nur geführt, damit reiche Leute noch reicher werden. Das Waffengeschäft ist ein sehr lukratives Geschäft.

Und viele Regierungen und viele Wirtschaftsbosse wissen schon so lange, dass Weltfrieden möglich wäre, aber dann würden sie ja nichts mehr verdienen.

Und weil sie es wissen, schweigen sie darüber. Ja, im Gegenteil, sie wollen uns Menschen nun sogar digitalisieren, damit sie uns noch besser kontrollieren können und wir, das Volk, erst recht nicht auf die Idee kommen, dass wir ohne sie eigentlich viel besser dran wären.

Nein, stattdessen wird in Davos eifrig an einem Plan der Digitalisierung gearbeitet. Digitales Bankensystem, digitale Körper und alles vernetzt bis in jede einzelne Zelle über dieses 5G.

Die Digitalisierung ist der letzte Versuch, die Menschen weiter in der Versklavung zu halten. Durch die Digitalisierung sind die Menschen noch steuerbarer als vorher schon.

Jeder Programmierer wird Ihnen bestätigen können, dass der Programmierer immer der Boss eines Computer-Programms bleiben wird. Er lässt sich immer eine Hintertür offen. Und das bedeutet ganz einfach, dass eine weltweite Vernetzung aller Menschen irgendwo auch eine Master-KI haben muss, die alles unter Kontrolle hat.

Leider ist dieses Szenario längst keine Science-Fiction mehr, sondern bereits in der Gegenwart angekommen. Und es wird sogar offen und frei darüber gesprochen. Herr Klaus Schwab spricht auf seinem eigens ins Leben gerufenen Weltwirtschaftsforum frank und frei über diese Art Zukunft.

Alle Menschen sollen über eine Hirn-Cloud oder eine Körper-Cloud miteinander verbunden werden. Nein noch schlimmer, viele sind bereits schon mit diesen Clouds verbunden.

Doch die Verschmelzung mit der KI ist von der Mehrheit der Menschen keinesfalls so gewollt, womit der Wettlauf mit der Zeit längst begonnen hat.

Und leider werden die Vorzüge der Digitalisierung so vorteilhaft von den Wirtschaftsführern dargestellt, dass sich so mancher Zeitgenosse verblenden lässt und auf deren Tricks reinfällt.

Auch der Fernseher wurde einzig und allein nur dazu eingerichtet, damit Wirtschaftsführer uns ihre Meinung aufzwingen und uns ständig ihre Produkte andrehen können.

Wir glauben, wir haben die Wahl, weil wir zwischen mehreren Programmen wählen können. Wir glauben, wir treffen täglich unsere eigenen Entscheidungen? Doch in Wirklichkeit beschallen sie uns auf jedem Programm mit immer den gleichen beeinflussenden Nachrichten, nur überall anders verpackt.

Auch sind es eigentlich gar keine Nachrichten, sondern nur immer fortwährende Falschmeldungen oder sinnlose Ablenkungen vom Wesentlichen, die uns weiter ans Hamsterrad fesseln sollen.

Diese Erkenntnis mag sehr ernüchternd und schrecklich anmuten, aber leider ist es die bittere Wahrheit.

Zu all diesem Übel brachen durch den Lockdown auch schon Lieferketten ab. Und tatsächlich sind in Afrika schon viel mehr Menschen eher an Hunger gestorben und nicht an einem Virus.

Deshalb möchte ich hier noch einmal appellieren, dass ein Krieg alles nur noch schlimmer machen würde. Was hier hilft, ist die Einsicht, dass wir vom krankhaften Geldverdienen ablassen müssen. Bescheidenheit wäre nun wesentlich angebrachter.

Geldverdienen ist sowie so nur ein Umweg zum Glücklichsein. Alles, was wirklich glücklich macht, kostet kein oder wenig Geld.

Der gesamte Kommerz ist nur eine Agenda einer winzigen Elite, die die Digitalisierung der Menschheit vorantreiben will und die größten privaten Banken dieser Welt und anderer Super-Reicher lassen sich davon blenden und machen unbewusst mit.

Dass es überhaupt private Banken geben darf, ist schon ein Widerspruch in sich. Ein kleiner Geldfälscher würde sofort hinter Gitter gebracht werden, wenn er auffliegt, aber die riesigen Banken dürfen auf privater Ebene Geld in Umlauf bringen? Es ist schon seltsam, dass das kaum jemand hinterfragt.

Deshalb ist es nun wichtig, dass sich jeder nun

endlich klar werden sollte, in welcher Welt er in Zukunft eigentlich leben will. Denn jeder ist sein eigener Schöpfer.

Und je schneller das jeder für sich selbst umsetzt, je besser ist es für unser gesamtes Kollektivbewusstsein. Denn unsere Zukunft ist eine Summe aus diesem Kollektivbewusstsein.

Doch bitte treffen Sie jetzt keine voreiligen Entschlüsse und kündigen Ihren Job voreilig, ohne sich vorher abgesichert zu haben. Suchen Sie sich lieber einem Job, bei dem Sie auf moralisch vertretbare Weise ihr Geld verdienen können.

Oder Sie schließen sich mit Gleichgesinnten zusammen und finden wieder zurück zu Ihrer Natur und bauen Ihre Nahrung selbst an. In einer Gemeinschaft lässt sich das eher umsetzen als im Schrebergarten oder im Garten hinter dem Einfamilienhaus.

Sie können solidarische Landwirtschaften gründen oder Urbaner Gartenanbau betreiben oder einfach nur Gemeinschaftsgärten anlegen.

Extrem wichtig ist es nun auch, dass noch mehr Menschen über unser derzeitiges Dilemma informiert werden. Dazu können Sie gern auch dieses Büchlein verbreiten. Wenn Sie mögen, dann verteilen Sie dieses Büchlein überall. Es passt auch sehr gut in Briefkästen.

Und während dieser Zeit bleiben Sie immer so positiv wie nur möglich. Malen Sie sich mehrmals täglich Ihre Wunschzukunft aus und halten Sie diese positive Energie und richten Sie Ihre Taten danach aus.

Es ist wichtig, dass Sie nicht nur negative Botschaften aufnehmen, sondern, dass Sie sich zwischendurch immer wieder Ihre Wunschzukunft vorstellen und fest daran glauben, dass diese bald eintreffen wird. Ihr unerschütterlicher Glaube daran wird Sie lenken und Sie bei Ihren Taten in diese bessere Zukunft unterstützen.

Denn die Summe aus diesen Gedanken und Taten aller Menschen, das wird unsere gemeinsame Zukunft sein.

Bitte bleiben Sie gesund, lebendig, stark, mutig und fröhlich, auch wenn es sich manchmal paradox anfühlt.

In Hochachtung vor der Schöpfung und allem Leben in diesem Universum,

(ehemalige) Anja Heitlinger

Nachtrag vom 24.06.2024

Ich möchte mit dieser kleinen Lektüre niemanden anklagen, sondern ich sehe mich als Vermittler zwischen zwei extremen Welten. Ich habe ein Herz für beide Seiten, sofern sein Handeln unbewusst ist und nicht mutwillig bösartig. Für die Bösartigen habe ich kein Verständnis!

Unser Weg ist nun, dass wir überwiegend einander verzeihen und aufeinander zugehen. Wenn wir mit dem Finger aufeinander zeigen und uns gegenseitig die Schuld in die Schuhe schieben oder sogar bekriegen, dann kommen wir keinen Schritt weiter.

Wenn Ihnen Ihr Spiegelbild nicht gefällt, dann zerstören sie ja auch nicht den Spiegel, sondern Sie ändern etwas an sich selbst.

Diese Welt wird sich nicht von heute auf morgen zum Besseren ändern, aber wir sind bereits auf dem besten Weg und unser Aufstieg kann nicht mehr verhindert werden, außer durch Passivität.

Am 16.01.2024 berichtete die Bild-Zeitung, dass ein geheimes Dokument aufgetaucht sei, in dem hervor ginge, dass unsere deutsche Bundeswehr sich auf einen bewaffneten Krieg gegen Russland vorbereite. Der Krieg würde im Jahr 2025 ausbrechen. [8]

Ich halte es für einen Segen, dass dieses Dokument veröffentlicht wurde. Denn nur so können wir Menschen erkennen, dass wir unseren eigenen Untergang selbst produzieren mit Waffen, die wir sogar selbst hergestellt haben.

Am 15.06.2024 äußerte sich der serbische Präsident Aleksandar Vucic öffentlich in einem deutschsprachigen Medium mit den Worten: „In 3-4 Monaten wird es einen Weltkrieg geben – wir überprüfen die Vorräte an Öl, Mehl, Zucker.“ [9]

Wenn Präsidenten von sowas sprechen, dann heißt das meiner Meinung nach nicht, dass es auch eintrifft. Sondern für mich heißt es, einflussreiche gierige Großmächte, z.B. die Inhaber der Rüstungsindustrie bereiten den Krieg tatsächlich vor und wir Menschen sollten solche Aussagen ernst nehmen, um genau das zu verhindern.

Wir sollten uns immer fragen, wem nützt ein Krieg am meisten? Die Antwort ist: Der Rüstungsindustrie. Nächste Frage: Wer produziert denn all diese Waffen und diese Munition? Stehen Präsidenten, Minister oder Könige am Fließband? Nein, wer genau steht denn am Fließband? Es sind genau die "einfachen" Menschen, gegen die der ganze Krieg geführt werden wird und große Mächte reiben sich die Hände und verdienen sich goldene Nasen.

Doch sobald wir dieses exakt aufeinander abgestimmte Gut-Böse-Schauspiel durchschaut haben und es „einfach“ nicht mehr mitmachen, ändert sich diese Welt zu unseren Gunsten. Wir müssen nicht kämpfen. Wir müssen uns bewusst abwenden.

Wie Sie nun hoffentlich aus dieser Lektüre erkennen können, <u>kann hauptsächlich nur das Volk, also</u>

Sie und ich, den Weltfrieden einleiten durch „bloßes“ nicht-mehr-mitmachen. Herrscher können es nicht, denn nur sehr wenige werden einsichtig sein.

Die derzeitigen amtierenden Machthaber dieser Erde steuern mit ihrer Kriegstreiberei geradewegs auf eine neue Weltordnung zu und planen eine einzige Weltmacht zu installieren. Und das bedeutet noch mehr Überwachung, Kontrolle und Zwänge.

Vielleicht schockiert Sie diese Nachricht? Vielleicht fühlen Sie sich völlig haltlos bei dem Gedanken, dass Sie nun nicht mehr auf die derzeitige Regierung hören sollen?

Ich fühle mit Ihnen, denn mir ging es vor vier Jahren genauso, als ich es erfahren habe. Es gibt viele Menschen, die brauchen einfach jemanden, der ihnen sagt, was sie glauben und tun sollen. Und sehr viele Menschen wollen natürlich nicht glauben, dass sie ihr ganzes Leben lang an der Nase herumgeführt worden sind.

Aber es hilft alles nichts. Es ist nun mal die Wahrheit und nur die Wahrheit kann die Welt zum Besseren ändern.

Eine einzige Weltmacht ist definitiv nicht artgerecht für uns Menschen.

Ein Bienenvolk würde sich kaputtlachen, wenn es auf unsere derzeitigen Machtstrukturen schauen könnte. Das wäre ungefähr so, als würde eine einzige Bienenkönigin alle Bienenvölker dieser Erde regieren wollen.

Das gesamte Tierreich ist so organisiert, dass sich die Stämme überwiegend friedlich teilen, wenn sie zu groß werden und daran sollten wir Menschen uns ein Beispiel nehmen.

Da auch wir Menschen keine Einzelgänger sind, sondern im Grunde sehr soziale Familien- und Stammeswesen, benötigen wir eine Struktur mit ein paar wenigen Regeln. Ein Zusammenleben ohne Regeln ist nicht möglich.

Deshalb benötigen wir Menschen nun dringend viele „kleinere", aber dafür gütige Könige, Königinnen, Oberhäupter oder ähnliche, die wesentlich kleinere Völker „regieren", besser gesagt: anleiten. Je kleiner, je besser und die sich nicht untereinander bekriegen und auch nicht aufrüsten, sondern ihren Schutz auf spirituelle Weise aufbauen und ins Gottvertrauen kommen.

Alle Menschen dieser Erde müssen die Wahl haben dürfen, welche/n König/in (Oberhaupt) sie „über" sich akzeptieren.

Das Volk, also gemeint sind wieder Sie und ich, trägt die Verantwortung, sich das richtige Oberhaupt auszusuchen, nicht umgekehrt!

Je unterschiedlicher die Konstrukte sind, umso besser ist es, denn dann lässt sich ein Volk viel schlechter unterwandern und aufhetzen.

Doch ein Zusammenleben funktioniert nur mit Regeln. Die wichtigste Regel wäre meiner Meinung nach: „Du darfst niemandem schaden."

Kleine Völker, die von einem gütigen Oberhaupt nicht regiert, sondern gerecht und fürsorglich angeleitet werden, könnten alle sozialen, spirituellen und auch wirtschaftlichen Aspekte des Lebens enthalten, worin sich alle Beteiligten wieder zu glücklichen Menschen entwickeln können.

Eine weitere Regel wäre: „Versuche kooperativ und fürsorglich zu sein und versuche zu teilen.“ Das wäre aber weniger als Regel zu verstehen, sondern eher als eine Leitlinie.

Sie werden nun eine gehörige Portion Intuition und auch Mut benötigen, denn die Bösen werden sich weiterhin als die Guten tarnen.

Aber das Wichtigste ist, dass Sie niemandem glauben, der eine „gute“ Weltmacht verspricht.

Denken Sie an die Bienen, wie sie lachen.

Deshalb ist unser Weg jetzt: Jeder einzelne Mensch muss nun ab jetzt und für die Zukunft sehr gut überlegen, für wen man arbeitet und wem man sein Geld gibt, wenn man etwas kauft, um nicht noch einmal solche Großmächte entstehen zu lassen. Denn Geld ist Macht, die immer missbraucht werden wird.

Viele Herzensmenschen arbeiten bereits intensiv daran, hier auf Erden eine Parallelgesellschaft einzuführen, darin alles Satanische auszugrenzen und in ihre Schöpferkraft zu kommen. Sie lernen, wie man das Gute anzieht und das Satanische von sich fernhält.

Nur das Volk hat die Macht zum Weltfrieden, denn über den Völkern steht nur Gott und sonst niemand. Machthaber werden niemals an Weltfrieden interessiert sein. Niemals!

Deshalb wünsche ich Ihnen
nun viel Kraft und Gottvertrauen
beim:

NICHT MEHR MITMACHEN

und viel Ausdauer,
um mit:

**VOLLER LEBENSFREUDE
VÖLLIG NEUE WEGE ZU BESCHREITEN**

Auf meinem neuen spirituellen Kanal auf Telegram (@Anjas_Spiri_Kanal) gebe ich weitere Hinweise darüber, wie unsere Welt aufgebaut ist, wer sie befehligt und wie wir uns aus unserem Hamsterrad befreien können.

Hier noch ein interessantes Zitat von Henry Kissinger vor dem WHO-Rat für Eugenik am 25. Februar 2009:

"Sobald die Herde Zwangsimpfungen akzeptiert, ist das Spiel vorbei. Sie werden alles akzeptieren – erzwungene Blut- oder Organspenden – "für das Gemeinwohl". Wir können Kinder genetisch verändern und sie sterilisieren – "für das Gemeinwohl"...

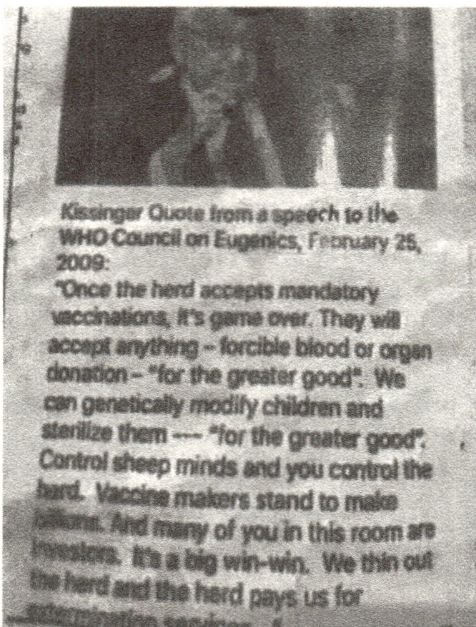

Die Impfstoffhersteller werden Milliarden verdienen…

Quellennachweise:

[1]https://www.zeit.de/wissen/umwelt/2019-09/artenvielfalt-vogelsterben-bodensee-amsel-spatz-drossel

[2]https://www.focus.de/perspektiven/welt-retten-kolumne/in-kleinen-schritten-die-welt-retten-jeans-sind-riesige-umweltsuender-so-treffen-sie-die-beste-kaufentscheidung_id_10847213.html

[3]https://www.welt.de/print-welt/article327916/Der-deutsche-Steuer-Dschungel.html

[4]https://www.sueddeutsche.de/wirtschaft/statt-33-000-paragraphen-nur-noch-146-paul-kirchhof-plant-die-steuer-revolution-1.1113062

[5]https://www.vodafone.de/featured/innovation-technologie/the-future-is-ecxiting-roboter-bienen-und-mini-drohnen-helfen-beim-bestaeuben-von-pflanzen_cv/#/

[6]https://www.stuttgarter-zeitung.de/inhalt.katastrophe-in-missouri-mehr-als-1000-voegel-fallen-tot-vom-himmel.1d7b66f4-ceba-42f7-a949-34423cc5373a.html

[7]https://www.legitim.ch/post/nicht-schon-wieder-hunderte-v%C3%B6gel-fallen-nahe-einer-5g-anlage-tot-vom-himmel

[8]https://www.bild.de/bild-plus/politik/ausland/politik-ausland/exklusives-geheim-papier-bundeswehr-bereitet-sich-auf-putin-angriff-vor-86752990.bild.html

[9]https://tkp.at/2024/06/15/serbien-praesident-weltkrieg-in-drei-bis-vier-monaten/

Was passiert hier auf Erden?
Wie soll die Menschheit das alles verkraften?
Und wie sage ich es meinem Kind?

Seit dem Jahr 2020 gerät das Leben auf unserem Planeten Erde immer mehr aus den Fugen. Wir Erwachsenen haben es schon nicht einfach, alles zu verarbeiten, zu verkraften und unsere Konsequenzen daraus zu ziehen. Doch unsere Kinder, ob klein oder bereits in der Pubertät, brauchen uns trotzdem, egal ob es uns gut geht oder nicht. Vor allem brauchen wir alle Antworten auf die vielen Veränderungen unserer Zeit. Dieses Buch „Der Teufel im Spiegel Gottes" führt Sie auf einen fremden Planeten, wo sich ähnliches abspielt. So können ihre Kinder besser mit den Informationen umgehen und selbst entscheiden, ob sie die Infos mit unserem Planeten vergleichen oder ob sie sie auf einem fremden Planeten belassen. Ihr Kind überfordert sich damit nicht, sofern Sie als Eltern so einfühlsam sind und an der Entscheidung des Kindes nichts ändern wollen. Die Erkenntnis, dass damit unser Planet Erde gemeint ist, wird zu gegebener Zeit ganz von selbst kommen. Deshalb eignet sich dieses Buch auch für Familienmitglieder oder Freunde, die sich ansonsten nicht mit dem Thema auseinandersetzen würden.

ISBN: 978-3-946405-24-5
www.goldhouse-verlag.de

Die Entgiftung von Körper, Geist und Seele wird in der heutigen Zeit der immer stärkeren Umwelt-belastung immer notwendiger, wenn man ein langes und gesundes Leben führen möchte.
Ob man „vergiftet" ist, äußert sich nicht immer so offensichtlich, sondern es ist ein schleichender Prozess, der langsam in verschiedene Krankheiten mündet und letztlich auch den Alterungsprozess beschleunigt.
Nun ist es aber nicht so einfach, Gifte, wenn sie einmal im Körper eingelagert sind, wieder zu entfernen. Viele Menschen halten die begonnen Entgiftungskuren nicht durch, weil sich während der Entgiftung noch stärkere Symptome zeigen. Das liegt an der Unwissenheit darüber, wie man eine Entgiftung richtig durchführt. Es kommt auf die Kombination verschiedener Mittel an, die das Entgiften leichter und unbeschwerter machen und letztlich schneller zum Ziel führen. Die Autorin schildert in diesem Büchlein ihre persönliche und erfolgreiche Erfahrung.

ISBN: 978-3-946405-88-7
www.goldhouse-verlag.de

Winterjunge

Manchmal solltest du den Alltag komplett beiseiteschieben. Sowas macht voll glücklich ☺ Wusstest du, dass es eine kalte Welt mit mehr Wärme als in unserem Wohlstandsleben gibt? Lu Kranich hat diese Welt kennengelernt.
Die Winterjunge-Saga:

Winterjunge 1: Blizzard, Winterjunge 2: Der seltsame Gefährte
Winterjunge 3: Eisfieber, Winterjunge 4: Rabenschwarz
Winterjunge 5: Das Ende der Winternacht

Urlaub im All

Die Erde einmal von außen zu sehen, davon träumen viele Menschen. Die Autorin Anja Heitlinger hatte schon früh den Wunsch, die Menschen auf die Schönheit, aber auch Zerbrechlichkeit unserer Erde aufmerksam zu machen. Jeder Astronaut, über den sie recherchierte, bestätigte ihr, dass jeder Mensch seinen Planeten umso mehr lieben lernt, wenn er ihn einmal von außen gesehen hat. So schrieb die Autorin eine bislang einzigartige, romantische Liebesgeschichte, die sich in der Schwerelosigkeit unserer Erdumlaufbahn abspielt und nimmt die Leser mit auf eine atemberaubende und humorgeladene Urlaubsreise.

Damit werden Sie definitiv Ihren Alltag für ein paar Stunden ausschalten.

ISBN: 978-3-9816096-3-9
www.goldhouse-verlag.de

Du kannst es auch lernen, das Glücklichsein!

Glück empfindet nicht derjenige, für den schon früh alle Hindernisse niedergemäht, die besten Lehrer engagiert und tonnenweise Geld bereitgestellt wurden.

Glücksempfinden ist ein Gedanke, und Gedanken sind Kräfte, die chemische Kontrollsubstanzen im Körper entstehen lassen. Hierdurch wird das zentrale Nervensystem angestoßen zu handeln.

Ob wir eher zu positiven oder negativen Gedanken neigen, bestimmt unsere Entwicklung. Wie eine biografische Landkarte wird von klein auf unser Gehirn strukturiert. Man nennt es *Lernen.* Du kannst dein Gehirn umstrukturieren und also *umlernen.*

Dann tritt er ein: Der GLÜCKSFALL

ISBN: 978-3-946405-20-7

www.goldhouse-verlag.de

Die Geschichte des Badens

Die meisten Menschen leiden unter ihren Krankheiten.

Doch die Geschichte des Badens zeigt, dass es nicht an den Menschen liegt, sondern an Unwissenheit und falschen Informationen sogar über Jahrhunderte hinweg.

Erfahren Sie, wie die Europäer vor ungefähr 10.000 Jahren badeten, was es mit dem sagenhaften Jungbrunnen auf sich hat, wie alt die Menschen damals wirklich wurden und vor allem, wie gesund sie waren.

ISBN: 978-3-946405-22-1

www.goldhouse-verlag.de